Name: ____________________

Phone: ____________________

Email: ____________________

EB Creations

EB Creations